ÉCOLE NATIONALE DES CHARTES

POSITIONS DES THÈSES
DE LA PROMOTION DE 1899

LES ÉTATS DE VIVARAIS
DE LEURS ORIGINES A LA FIN DU XVIᵉ SIÈCLE

PAR

Auguste LE SOURD

CHALON-SUR-SAONE
IMPRIMERIE DE L. MARCEAU, E. BERTRAND, Sucʳ
5, RUE DES TONNELIERS, 5

1899

LES ÉTATS DE VIVARAIS
DE LEURS ORIGINES A LA FIN DU XVIᵉ SIÈCLE

PAR

Auguste LE SOURD

INTRODUCTION

SOURCES. — BIBLIOGRAPHIE

PREMIÈRE PARTIE
LES ORIGINES DES ÉTATS DE VIVARAIS

CHAPITRE PREMIER

PREMIÈRES RÉUNIONS. — LES PRIVILÈGES DU PAYS

1. Les États de Vivarais sont postérieurs à la première moitié du XIVᵉ siècle. Ils réunissent les représentants de plusieurs ordres pour la défense de leurs intérêts communs. On n'a de renseignements que sur l'époque où ils furent assimilés aux autres assemblées diocésaines de Languedoc.

2. L'organisation des États de Vivarais ne se fixe pas avant la fin du XVᵉ siècle.

3. Les privilèges du Vivarais, souvent invoqués par les diocésains, comprennent les privilèges du Languedoc et quelques concessions accordées au Vivarais.

CHAPITRE II

LE TERRITOIRE DU VIVARAIS

Au point de vue administratif, les limites du pays coïncidaient à peu près avec celles du département actuel de l'Ardèche. Cependant elles s'étendaient au delà du Rhône sur plusieurs points. Quelques paroisses ressortissaient au spirituel au diocèse d'Uzès ; un plus grand nombre dépendait pour la justice du bailliage de Velay. Quatre villes étaient réputées franches.

DEUXIÈME PARTIE

COMPOSITION DES ÉTATS

CHAPITRE PREMIER

LES COMMISSAIRES

Délégués par les commissaires qui ont présidé les États de Languedoc, les commissaires des États de Vivarais sont au nombre de trois : un officier royal, le bailli de Vivarais et un consul de Viviers. Ils n'assistent point aux délibérations.

CHAPITRE II

LE CLERGÉ

Le clergé reste sans représentant aux États jusqu'à la fin du XVIᵉ siècle ; mais, le bailli de Viviers ayant été remplacé comme envoyé de l'évêque par le vicaire général, on s'accoutume à voir dans ce dernier le représentant du clergé.

CHAPITRE III

LA NOBLESSE

1. Treize seigneurs entrent aux États ou s'y font représenter par leurs baillis. Parmi eux, dix barons entrent

par tour aux États de Languedoc; chacun d'eux y représente successivement la noblesse du diocèse, puis convoque et préside pendant une année les États de Vivarais. C'est le « baron de tour ». Cet usage du tour ne se fixe pas avant les dernières années du XV° siècle.

2. Histoire résumée des dix baronnies de tour et des seigneuries comportant le droit d'entrée aux États de Vivarais : Annonay, Boulogne, Brion, Crussol, Joyeuse, Montlor, Privas et Chalançon, Tournon, Viviers, la Voulte. — Aps, la Gorce, Pradelles.

3. Les baillis représentent aux États de Vivarais les barons qui ne sont pas en tour et les seigneurs qui ne jouissent que du droit d'entrée à ces États. Ils ne sont pas forcément nobles, et peuvent se faire remplacer par des lieutenants. Les bailes et les châtelains remplissent les mêmes fonctions, mais sont assimilés aux consuls au point de vue de l'indemnité de déplacement.

CHAPITRE IV

LE TIERS ÉTAT

Le nombre des représentants du Tiers État est fixé dès le début du XVI° siècle. Treize villes seulement jouissent du droit d'entrée aux États. Elles ont le droit d'envoyer leur consul, ou tel autre personnage qu'il leur plaît de désigner. Les consuls doivent savoir écrire. Des procureurs des « catholiques fuytifs » remplacent pendant les guerres de Religion les consuls des villes protestantes.

CHAPITRE V

LES OFFICIERS DES ÉTATS ET LE RECEVEUR DU PAYS

1. *Le syndic.* — Véritable représentant du pays, il est en fait le membre le plus important des États. L'exis-

tence du syndic de Vivarais est antérieure à l'institution des syndics de Languedoc. Le syndic est perpétuel, mais non inamovible ; il n'a pas de lieutenants, mais seulement des procureurs temporaires. Ses fonctions restent longtemps gratuites.

2. *Le greffier*. — Son office semble remonter à la première moitié du XV⁰ siècle. Il est chargé de la rédaction de tous les actes intéressant l'administration du pays. Aux assemblées des États, il fait l'appel des membres et demande les avis.

3. *Le receveur*. — Le receveur des deniers royaux et des deniers du pays est élu tous les ans par les États. La recette est mise au rabais et les États jouissent de la plus grande liberté dans le choix des candidats. Le traitement du receveur consiste dans un tant pour livre, qu'il prélève sur sa recette. En 1572, Charles IX nomme un receveur, dont il fixe les gages à un sol pour livre. Les résultats de cette innovation ne sont pas satisfaisants, et les États obtiennent bientôt la suppression de ce nouvel office. Des mesures analogues sont prises par le pouvoir royal à la fin du XVIe siècle.

4. *Alliances entre les officiers des États*. — Tous les offices dont la nomination était laissée aux États restèrent aux mains de quelques familles.

TROISIÈME PARTIE

FONCTIONNEMENT DES ÉTATS

CHAPITRE PREMIER

CONVOCATIONS ET LIEUX DE RÉUNION

1. Les convocations sont envoyées par le greffier sur l'ordre du baron de tour ; le greffier doit les porter au domicile des membres des États et rapporter une réponse.

2. L'usage s'établit de laisser aux barons le droit de convoquer les États au lieu qui leur plaît, dans une ville proche de leur résidence, en général dans leur château. Les États sont quelquefois tenus hors du diocèse.

CHAPITRE II

DIVERSES SORTES D'ASSEMBLÉES

Les gens des États se réunissent en assemblées générales annuelles pour la répartition de l'aide et octroi; ces assemblées s'appellent États de l'Ordinaire. D'autres assemblées générales peuvent être réunies dans des circonstances extraordinaires. Des assemblées restreintes, composées de membres qu'on appelle les députés de l'année, se tiennent entre les sessions des États de l'Ordinaire; l'origine de cette institution des députés est postérieure aux dix premières années du XVIe siècle; l'usage ne s'en fixa que vers 1538. Les députés peuvent se réunir en deux groupes, l'un pour le Haut-Vivarais et l'autre pour le Bas-Vivarais. Enfin, à l'époque des guerres religieuses, les États sont amenés à jouer un rôle politique et militaire, et, pour donner plus de force à leurs décisions, ils s'adjoignent quelquefois un certain nombre de gentilshommes et de notables.

CHAPITRE III

MODE DE DÉLIBÉRATION ET POLICE INTÉRIEURE

Les votes sont d'abord reproduits *in extenso* au procès-verbal des délibérations; ils deviennent secrets vers le milieu du XVIe siècle. On admet que les gens des États sont inviolables pendant l'exercice de leurs fonctions. Dès 1529, il existe un huissier chargé d'interdire l'entrée de la salle des séances aux personnes étrangères. A la suite des troubles religieux, on renforce les garnisons des villes où se réunit l'assemblée. Les États se rendent en corps à une messe du Saint-Esprit qui précède la première séance. On fait aussi célébrer des offices pour le repos de l'âme des personnages qui ont rendu des services au pays.

CHAPITRE IV

LES ARCHIVES DES ÉTATS

1. *Leur composition et leur état actuel.* — Il semble que les archives des États ne réunirent jamais une collection de procès-verbaux plus complète que la série actuelle. En revanche, les registres où s'inséraient les actes intéressant le pays ont complètement disparu; il ne reste également rien de la série des registres de comptes commencée en 1550. Toutes les autres catégories d'actes subsistent au moins en partie.

2. *Leur formation et leurs vicissitudes.* — On ne cherche à réunir tous les papiers du pays qu'au début du XVIe siècle. Le dépôt des archives s'effectue dans une chapelle de la cathédrale de Viviers. Mais pendant les guerres de Religion, les archives subissent plusieurs pillages. Elles sont successivement renfermées dans la maison du sieur de Saint-Alban (1562), dans la cathédrale (1565), de nouveau chez Saint-Alban (1567), puis dans la maison du notaire Lobat (1570), enfin dans l'hôtel de Saint-Alban (1589).

CHAPITRE V

LES ÉTATS DE VIVARAIS ET LES ÉTATS DE LANGUEDOC

Les États de Vivarais envoient tous les ans aux États de Languedoc un baron de tour, un consul et leur syndic. Le baron de tour représente tous les autres barons et toute la noblesse du pays, il est réputé premier baron de Languedoc.

Six villes seulement jouissent du droit d'envoyer leur consul aux États de Languedoc ; cette députation n'a lieu que par tour. Dans la seconde moitié du XVIe siècle, on porta à neuf le nombre des villes favorisées. Des villes protestantes furent momentanément privées de leur tour.

Enfin le syndic représente tout le pays.

Ce mode de députation a l'avantage d'augmenter le nombre des seigneurs et des villes favorisées, sans imposer au pays des charges exagérées.

CHAPITRE VI

LES ÉTATS DE VIVARAIS ET LES ÉTATS GÉNÉRAUX DE FRANCE

Les États de Vivarais envoient aux États d'Orléans, en 1560, un député spécial qui fait ensuite partie de l'assemblée extraordinaire des États de Languedoc tenue peu après.

En 1576, des députés sont envoyés à l'assemblée préparatoire de Nimes, et de plus, trois députés sont élus directement pour les États de Blois.

En 1588, les États ne peuvent se réunir pour choisir leurs délégués aux seconds États de Blois ; les députés du Tiers-État s'assemblent seuls et nomment un député qui représente leur ordre.

CHAPITRE VII

LES ÉTATS DE VIVARAIS ET LE GOUVERNEMENT CENTRAL

1. Les requêtes aux représentants du pouvoir royal, et surtout au roi, sont très nombreuses ; elles paraissent avoir été très souvent accueillies avec faveur.

2. Un certain nombre de personnages puissants se rendent utiles au pays, les uns moyennant une rémunération, les autres parce qu'ils tiennent à favoriser leur pays d'origine.

QUATRIÈME PARTIE

ATTRIBUTIONS DES ÉTATS

Les décisions des États n'ont pas force de loi, mais les officiers royaux ne refusent jamais de sanctionner ces décisions.

CHAPITRE PREMIER

FINANCES

1. *Principales impositions directes.* — Les principales impositions supportées par le Vivarais sont l'aide, l'octroi, les réparations de villes fortes, un grand nombre d'impositions destinées à l'entretien des armées et réparties sur tout le Languedoc ou seulement sur le Vivarais. Le Languedoc porte environ le dixième des charges imposées sur le royaume, et le Vivarais un huitième de celles du Languedoc.

2. *Répartition, levée et versement des deniers royaux.* — Les tailles sont réparties suivant l'« estime » des biens des contribuables. Les États de Vivarais refont en 1516 les estimes du diocèse. La répartition est opérée aux États par une commission dite du « gect », remplacée dans la suite par la commission des députés de l'année. De ce travail, sortent les « mandes », ordres de payement envoyés aux consuls de toutes les paroisses du Vivarais, exception faite pour quatre villes réputées franches. Le Vivarais ressort pendant quelque temps à la généralité de Lyon, situation contre laquelle les diocésains protestent; ils obtiennent gain de cause en 1571. Les bureaux

de la recette sont établis à Villeneuve-de-Berg. La levée des impositions est effectuée dans la paroisse par un « exacteur », aidé en cas de besoin par des sergents qu'envoie le receveur. Les consuls portent l'argent à Villeneuve-de-Berg. Le receveur le verse ensuite au Trésor royal; le lieu de ce dernier versement change fort souvent. — Le chiffre exagéré des impositions amène plusieurs fois la rébellion des contribuables, notamment après la bataille de Pavie et pendant les guerres religieuses. Les États de Vivarais refusent aussi quelquefois d'imposer les sommes qui leur sont demandées par le pouvoir royal; ils obtiennent souvent la réduction ou la remise des impositions.

3. *Impositions indirectes.* — L'impôt indirect le plus important est l'équivalent aux aides. Primitivement, les fermiers de ce droit d'équivalent sont nommés par les États; dans la suite, ceux-ci restent juges de leur solvabilité et peuvent refuser de les mettre en possession de leur ferme. Le fermier principal de l'équivalent a au-dessous de lui un certain nombre de sous-fermiers, répartis dans des « parcelles ». Des conservateurs jugent les contestations relatives à cette imposition.

Les États de Vivarais s'occupent rarement de la gabelle.

Ils obtiennent la création d'un certain nombre d'impositions indirectes, levées dans le diocèse, et dont le produit est affecté au payement des dettes du pays.

4. *Budget du pays.* — Le droit d'imposer une certaine somme pour les affaires du diocèse fut reconnu aux États de Vivarais par Louis XI. Cette somme constitue les « frais extraordinaires » de l'assiette. Les États de Vivarais peuvent imposer directement les deniers royaux lorsque les États de Languedoc n'ont pas été réunis. Ils imposent aussi directement les sommes destinées à éteindre la dette du pays.

CHAPITRE II

TRAVAUX PUBLICS, INDUSTRIE, ETC.

Les États de Vivarais imposent annuellement 500 livres pour la réparation des ponts et chaussées. Ils règlementent le passage des rivières et la police des ports, et s'attachent à supprimer tous les obstacles à l'exercice de la pêche. Ils sont consultés par les États de Languedoc, tant que ceux-ci conservent la faculté d'empêcher la « traite » ou exportation des blés. Dans l'intérêt de l'agriculture, ils s'efforcent d'arrêter l'accroissement du nombre des chèvres. Ils surveillent les fabriques de drap installées dans le pays. Au point de vue de l'instruction publique, ils favorisent le développement du collège de Tournon. Ils mettent leurs archives à la disposition du poète Bérenger de la Tour, qui prépare une histoire du Vivarais, et promettent une gratification à Jean de Serres, historiographe de Henri IV. Ils distribuent annuellement vingt-cinq livres d'aumônes à des maisons religieuses et accordent des secours aux victimes d'inondations ou d'incendies.

CHAPITRE III

POLICE GÉNÉRALE. — LE BRIGANDAGE

Dès 1538, les États obtiennent le droit de nommer un lieutenant de prévôt, dont ils payent le traitement, et dont ils entretiennent les archers et le greffier. Ils prennent eux-mêmes des mesures pour arrêter les progrès du brigandage.

CHAPITRE IV

AFFAIRES MILITAIRES

Les États de Vivarais accordent des gratifications aux villes qui ont fourni le logement des gens de guerre. Ils ont de fréquents rapports avec les gouverneurs du pays pendant les guerres de Religion. Ils nomment certains personnages pour remplir auprès des gouverneurs le rôle de conseiller et de secrétaire, et leur accordent des gages ; ils fournissent en outre le traitement d'ingénieurs et de chirurgiens militaires attachés à la personne du gouverneur. Ils distribuent des récompenses pour faits de guerre, ou des indemnités aux soldats blessés. Enfin, ils protestent énergiquement contre l'augmentation excessive des garnisons et la misère qui en résulte.

CINQUIÈME PARTIE

ROLE POLITIQUE DES ÉTATS. ORGANISATION DES PROTESTANTS DU VIVARAIS AU XVIᵉ SIÈCLE

CHAPITRE PREMIER

RÔLE POLITIQUE DES ÉTATS

Les guerres religieuses opèrent en Vivarais un véritable dédoublement du pays : le parti protestant y a ses gouverneurs, son armée, ses impositions et ses États.

La Réforme est prêchée de bonne heure dans le diocèse et y obtient un grand succès.

Immédiatement après l'assemblée protestante de Nîmes (novembre 1562), se produit une première scission. Les protestants tiennent en Vivarais une assemblée d'États où ils arrentent les biens ecclésiastiques du diocèse, et répartissent des impositions. Ils se font représenter aux États protestants de Bagnols (avril 1563).

Quatre ans plus tard, à la suite de l'assemblée réunie à Montpellier par Jacques de Crussol, ils tiennent à Privas d'autres États. Ils sont ensuite admis aux États catholiques et signent avec leurs adversaires, au mois de décembre 1570, un accord par lequel ils prennent leur part des frais des guerres précédentes.

La Saint-Barthélemy provoque une nouvelle séparation. En 1576, les deux partis, épuisés par la guerre, concluent à la Borie de Balazuc un traité de paix qui procure au pays quelques mois de calme. Les protestants paraissent parfois aux États catholiques, mais conservent cependant leurs assemblées particulières. Un nouvel accord, signé aux États tenus à Annonay au mois d'août 1579, est approuvé par Montmorency et Catherine de Médicis, puis par Henri III.

L'édit de juillet 1585 amène une nouvelle rupture. Les États protestants se réunissent alors avec une grande régularité sous l'autorité de Montmorency. Les États catholiques tiennent désormais le parti de la Ligue. De 1587 à 1589, divers accords sont conclus entre les délégués de chacune de ces assemblées. Les États catholiques reconnaissent Montmorency en mai 1589, et admettent les protestants en janvier 1590.

L'existence des États protestants se prolonge jusqu'à l'année 1595.

CHAPITRE II

LES ÉTATS PROTESTANTS

Les États protestants ont une organisation calquée sur celle des États catholiques. Cependant ils sont plus nombreux et sont recrutés arbitrairement. La réunion de leurs députés de l'année prend le nom de « conseil », et le gouverneur militaire préside théoriquement toutes leurs assemblées. Enfin ils entretiennent les ministres protestants et s'occupent de questions religieuses.

APPENDICES

I. — Listes des sessions des États des deux religions.
II. — Listes des officiers des États et de divers fonctionnaires.

PIÈCES JUSTIFICATIVES

CARTE ADMINISTRATIVE DU VIVARAIS AU MILIEU DU XVIᵉ SIÈCLE

CHALON-SUR-SAONE, IMP. L. MARCEAU. — E. BERTRAND, SUC͏ʳ.

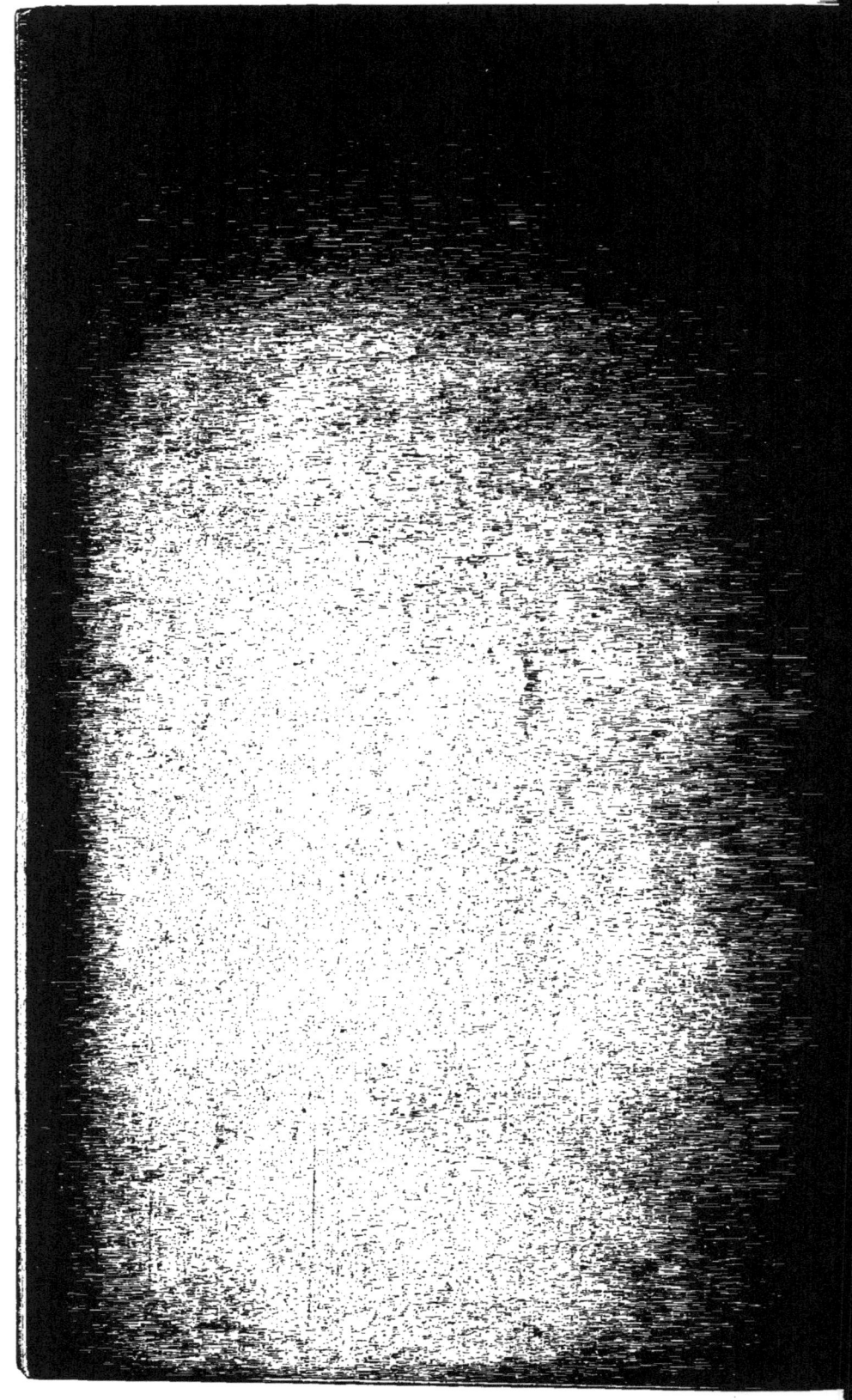

www.ingramcontent.com/pod-product-compliance
Lightning Source LLC
Chambersburg PA
CBHW060859050426
42453CB00011B/2024